Streuselkuchen

Streuselkuchen

garant

Vorwort

Eigentlich ist der Streuselkuchen ein einfacher Blechkuchen aus Hefeteig mit einem Belag aus Streuseln – einer krümeligen, süßen Mischung aus Mehl, Zucker und Butter. Der Streuselkuchen stammt aus Schlesien, ist aber heute in ganz Deutschland bekannt und beliebt. Für den original Streuselkuchen wird zur Herstellung zunächst ein süßer Hefeteig zubereitet. Nach dem Gehen des Teiges und dem erneuten Kneten auf einer bemehlten Arbeitsfläche wird der Teig dünn ausgerollt und auf ein gefettetes Backblech gelegt.

Jetzt werden die Streusel aus zwei Teilen Weizenmehl sowie je einem Teil weicher Butter und Zucker zubereitet. Hierfür wird das Mehl auf eine Arbeitsfläche gegeben, die weiche Butter in Flöckchen auf das Mehl gesetzt, der Zucker darübergestreut und das Ganze mit bemehlten Händen verknetet. Sobald sich die Zutaten verbinden, wird der Teig zwischen den Handflächen „abgebröselt". Die so entstandenen Streusel werden nun gleichmäßig auf den Teigboden gestreut und der Kuchen kann dann im auf 180–200 °C vorgeheizten Backofen gebacken werden. Da die Streusel nach dem Backen leicht vom Kuchen fallen, kann der Teig vor dem Belegen mit Zucker- oder Honigwasser bestrichen oder nach dem Belegen mit zerlassener Butter beträufelt werden.

Neben dem „Abbröseln" von Streuseln kennen wir noch eine andere Methode, Streusel herzustellen. Hierfür benötigen Sie auf 200 g Mehl 150 g Zucker und 150 g flüssige Butter. Das Mehl wird auf eine Arbeitsfläche oder in eine Schüssel gesiebt und mit dem Zucker vermischt. Jetzt träufelt man die lauwarme, flüssige Butter auf die Mehl-Zucker-Mischung und rührt sie vorsichtig mit einer Gabel unter die Mischung, sodass kleine Klümpchen entstehen. Nach dem Erkalten können die so hergestellten Streusel weiterverarbeitet werden.

Es sind zahlreiche Streuselkuchen-Varianten bekannt. Wir kennen z. B. Streuselkuchen mit Vanille-, Schokoladen- oder Fruchtcreme gefüllt oder mit Obst und Früchten belegt. Auch die Teige variieren bei den Rezepten immer wieder, so wird gerne ein Mürbeteig, ein Rührteig oder ein Quark-Öl-Teig anstelle des Hefeteigs verwendet.

Wie Sie sich entscheiden, bleibt natürlich Ihrem Geschmack überlassen. Bei der Auswahl der Früchte sollten Sie aber immer auf das Angebot in der jeweiligen Saison achten, denn diese haben dann das beste Aroma und sind nicht zuletzt auch preislich am günstigsten.

Wir wünschen Ihnen in Ihrer Streuselkuchen-Backstube auf jeden Fall viel Spaß bei der Herstellung und gutes Gelingen, damit Sie mit Ihren Köstlichkeiten alle Genießer dieser feinen Kuchen überzeugen können.

Ihre Redaktion

Pflaumen-Streusel-Buchteln

Für 16 Stück:

Für den Hefeteig:
20 g Frischhefe
70–100 ml lauwarme Milch
75 g Zucker
375 g Mehl
1 Ei
100 g Butter
1 Päckchen Vanillezucker
1 Glas Pflaumenmarmelade
Fett für das Blech
Milch zum Bestreichen

Für die Streusel:
125 g Butter
150 g Mehl
100 g Zucker
1 Msp. Zimt

Außerdem:
Puderzucker zum Bestäuben
Pflaumenspalten zum Garnieren

1 Die zerbröckelte Frischhefe mit etwas lauwarmer Milch und 1 TL Zucker in eine Schüssel geben und verrühren. An einem warmen Ort zugedeckt 10 Minuten gehen lassen.

2 Das gesiebte Mehl, das Ei, die weiche Butter, den Vanillezucker, die restliche Milch und den restlichen Zucker zum Vorteig geben und alles mit dem Knethaken der Küchenmaschine zu einem glatten, kompakten Teig verkneten.

3 Den Teig zugedeckt an einem warmen Ort zur doppelten Menge aufgehen lassen.

4 Den Teig auf einer bemehlten Arbeitsfläche nochmals durchkneten, ausrollen und 16 Kreise ausstechen.

5 Auf jedes Teigstück einen Esslöffel Pflaumenmarmelade geben und den Teig zusammenklappen.

6 Die Buchteln auf ein gefettetes Backblech setzen, nochmals gehen lassen und anschließend mit Milch bestreichen.

7 Die Butter mit dem Mehl, dem Zucker und dem Zimt vermischen, zu Streuseln verkneten und diese auf die Buchteln streuen.

8 Die Pflaumen-Streusel-Buchteln im auf 180 °C vorgeheizten Backofen 40–45 Minuten backen, herausnehmen und erkalten lassen.

9 Die Pflaumen-Streusel-Buchteln mit Puderzucker bestäuben, mit Pflaumenspalten garnieren und bis zum Verzehr kühl aufbewahren.

Heidelbeer-Kokos-Streuselkuchen

Für 16–20 Stücke:

Für den Mürbeteig:
300 g Mehl
200 g Zucker
1 Päckchen Vanillezucker
1 Ei, 1 Eigelb
200 g Butter oder Margarine
Fett für das Blech

Für den Belag:
4 Eier
100 g Zucker
150 g gemahlene Haselnüsse
150 g Kokosnussraspel
500 g frische Heidelbeeren

Für die Streusel:
300 g Mehl
100 g Zucker
150 g Butter
1 Fläschchen Vanillearoma

Außerdem:
Puderzucker zum Bestäuben
frische Heidelbeeren zum Garnieren

1 Das gesiebte Mehl mit dem Zucker und dem Vanillezucker auf eine Arbeitsfläche geben und eine Mulde in die Mitte drücken.

2 Das Ei und das Eigelb hineingleiten lassen, die Butter in Flöckchen an den Rand setzen und das Ganze rasch zu einem glatten Teig verkneten.

3 Den Teig in Frischhaltefolie wickeln und im Kühlschrank eine Stunde ruhen lassen. Anschließend herausnehmen, kurz durchkneten und auf einer bemehlten Arbeitsfläche ausrollen. Ein Backblech fetten und mit dem Teig auslegen.

4 Die Eier mit dem Zucker schaumig schlagen, die Haselnüsse und die Kokosnussraspel vermischen und mit den verlesenen, gewaschenen und trocken getupften Heidelbeeren unterrühren. Die Masse gleichmäßig auf dem Teigboden verteilen.

5 Für die Streusel das Mehl mit dem Zucker, der Butter und dem Vanillearoma auf einer Arbeitsfläche vermischen und zu Streuseln verarbeiten, diese auf die Heidelbeermasse streuen.

6 Den Kuchen im auf 180–200 °C vorgeheizten Backofen 40–45 Minuten backen, herausnehmen und auf einem Kuchengitter erkalten lassen.

7 Den Kuchen mit Puderzucker bestäuben, mit frischen Heidelbeeren garnieren, in Stücke schneiden und servieren.

Streuselblechkuchen mit Kirschen

Für 10–12 Stücke:

Für den Hefeteig:
1 Würfel Frischhefe
150 ml warme Milch
500 g Mehl
80 g Butter
120 g Zucker
2 Eier
1 Päckchen Vanillezucker
Fett für das Blech

Für den Belag:
3 Gläser Sauerkirschen
(à 350 g Abtropfgewicht)
50 ml Milch zum Bestreichen

Für die Streusel:
150 g Butter
250 g Mehl
150 g Zucker
1/2 TL Zimt
Mandelblättchen zum Bestreuen

Außerdem:
Puderzucker zum Bestäuben
Zitronenscheiben und
Amarenakirschen zum Garnieren

1 Die zerbröckelte Frischhefe mit der warmen Milch in eine Schüssel geben, verrühren und zugedeckt an einem warmen Ort zur doppelten Menge aufgehen lassen.

2 Das gesiebte Mehl mit der weichen Butter, dem Zucker, den Eiern und dem Vanillezucker zur Hefemilch geben und alles zu einem glatten Teig verkneten. Den Teig an einem warmen Ort zugedeckt gehen lassen.

3 Den Teig auf einer bemehlten Arbeitsfläche nochmals kräftig durchkneten und halbieren. Eine Teighälfte ausrollen und auf ein gefettetes Backblech legen.

4 Die Sauerkirschen gut abtropfen lassen und auf dem Teig verteilen. Die zweite Teighälfte ausrollen, auf die Sauerkirschen legen und mit der Milch bestreichen.

5 Die Butter mit dem Mehl, dem Zucker und dem Zimt in eine Schüssel geben, zu Streuseln verarbeiten und diese gleichmäßig auf dem Kuchen verteilen. Die Mandelblättchen darüberstreuen.

6 Den Kuchen im auf 180 °C vorgeheizten Backofen 35–40 Minuten backen. Aus dem Ofen nehmen und erkalten lassen.

7 Den Streuselblechkuchen mit Puderzucker bestäuben, mit Zitronenscheiben und Amarenakirschen belegen. Den Kuchen in Stücke schneiden, auf einer Kuchenplatte dekorativ anrichten, garnieren und servieren.

Aprikosenkuchen mit Streuseln

Für 12 Stücke:

Für den Mürbeteig:
300 g Mehl
200 g Zucker
1 Prise Salz
1 Ei
200 g Butter
Fett für die Form

Für den Belag:
2 Packungen Mohnback
1 große Dose Aprikosen

Für die Streusel:
150 g Mehl
100 g brauner Zucker
100 g Butter oder Margarine

Außerdem:
2–3 EL Milch
100 g Aprikosenmarmelade
geröstete Mandelblättchen

1 Das gesiebte Mehl mit dem Zucker und dem Salz auf eine Arbeitsfläche geben, eine Mulde in die Mitte drücken, das Ei hineingleiten lassen und die Butter oder Margarine in Flöckchen an den Rand setzen.

2 Das Ganze zu einem glatten Teig verkneten, in Frischhaltefolie wickeln und im Kühlschrank eine Stunde ruhen lassen.

3 Zwei Drittel auf einer bemehlten Arbeitsfläche dünn ausrollen, eine gefettete Springform (24–26 cm Ø) damit auslegen und einen etwa 3 cm hohen Rand formen. Den Boden mit einer Gabel mehrmals einstechen.

4 Das Mohnback auf den Mürbeteig streichen. Die Aprikosen gut abtropfen lassen, drei bis vier Hälften beiseitelegen und den Rest auf dem Mohn verteilen. Aus dem Mehl, dem braunen Zucker und der Butter Streusel zubereiten und darüberstreuen.

5 Den restlichen Mürbeteig dünn ausrollen, in Streifen schneiden und diese als Gitter auf die Streusel legen. Das Gitter mit Milch bestreichen, den Aprikosenkuchen in dem auf 180–200 °C vorgeheizten Backofen 50–60 Minuten backen.

6 Die Aprikosenmarmelade erhitzen, durch ein Sieb streichen und den fertigen, noch heißen Aprikosenkuchen damit überziehen.

7 Die gerösteten Mandelblättchen an den Rand legen und den Kuchen vollständig erkalten lassen.

8 Die restlichen Aprikosen in Spalten schneiden und auf den Kuchen legen. Den Aprikosenkuchen in Stücke schneiden und servieren.

Birnen-Streuselkuchen

Für 16–20 Stücke:

Für den Hefeteig:
375 g Mehl
1 Päckchen Trockenhefe
3 EL Zucker
1 Prise Salz
190 ml lauwarme Milch
75 g weiche Butter oder Margarine
Fett für das Blech

Für den Belag:
3 Eier
100 g Zucker
300 g gemahlene Haselnüsse
2 große Dosen Birnen

Für die Streusel:
175 g Mehl
4 EL Zucker
1 Prise Zimt
100 g weiche Butter

Außerdem:
50 g Mandelstifte
Puderzucker zum Bestäuben

1 Das gesiebte Mehl, die Trockenhefe, den Zucker, das Salz, die lauwarme Milch und die weiche Butter oder Margarine in eine Schüssel geben und zu einem glatten Teig verarbeiten.

2 Den Teig schlagen, bis er Blasen wirft, mit einem sauberen Küchentuch zudecken und an einem warmen Ort zur doppelten Menge aufgehen lassen.

3 Den Teig auf einer bemehlten Arbeitsfläche ausrollen und ein gefettetes Backblech damit auslegen. Nochmals kurz gehen lassen.

4 Die Eier mit dem Zucker schaumig rühren, die gemahlenen Haselnüsse unterheben und die Masse auf den Hefeteig streichen.

5 Die Birnen gut abtropfen lassen und auf die Nussmasse legen.

6 Das Mehl mit dem Zucker, dem Zimt und der weichen Butter zu Streuseln verkneten und diese über die Birnen streuen.

7 Die Mandelstifte darauf verteilen und den Birnen-Streuselkuchen im auf 180–200 °C vorgeheizten Backofen 35–40 Minuten backen.

8 Den fertigen Birnenkuchen aus dem Ofen nehmen und erkalten lassen. Mit Puderzucker bestäuben, in Stücke schneiden und servieren.

Thüringer Mohn-Griess-Kuchen

Für 16–20 Stücke:

Für den Hefeteig:
375 g Mehl
1 Päckchen Trockenhefe
30 g Zucker, 1 Prise Salz
180–200 ml lauwarme Milch
45 g weiche Butter, 1 Ei
Fett für das Blech

Für den Belag:
1 l Milch, 125 g Weizengrieß
200 g Zucker
je 1 Päckchen Vanille- und Orangenzucker, 2 Eier
250 g frisch gemahlener Mohn
100 g gehackte Mandeln

Außerdem:
100 g Butter, 100 g Zucker
1 Päckchen Vanillezucker
200 g Mehl, 1 Msp. Backpulver
Puderzucker zum Bestäuben

1 Das gesiebte Mehl mit der Trockenhefe, dem Zucker und dem Salz vermischen, die lauwarme Milch und die weiche Butter dazugeben, das Ei einrühren und das Ganze zu einem glatten Teig verarbeiten.

2 Den Teig zugedeckt an einem warmen Ort zur doppelten Menge aufgehen lassen.

3 Ein Backblech fetten und mit dem Teig auslegen. Erneut 20–30 Minuten gehen lassen.

4 Für den Belag die Milch zum Kochen bringen, den Weizengrieß einrühren und 20 Minuten ausquellen lassen. Mit Zucker, Vanillezucker und Orangenzucker abschmecken und die Eier darunterschlagen.

5 Den Mohn und die gehackten Mandeln einrühren und die Masse abkühlen lassen. Anschließend auf den Hefeteig streichen.

6 Aus der Butter, dem Zucker, dem Vanillezucker und dem mit Backpulver vermischten Mehl Streusel zubereiten, über die Mohnmasse streuen und den Kuchen im auf 180–200 °C vorgeheizten Backofen etwa 30 Minuten backen.

7 Den fertig gebackenen Kuchen aus dem Ofen nehmen, auf einem Kuchengitter erkalten lassen, mit Puderzucker bestäuben, in Stücke schneiden und servieren.

Apfel-Mohn-Kuchen mit Streuseln

Für 16 Stücke:

Für den Hefeteig:
500 g Mehl
60 g weiche Butter oder Margarine
30 g Zucker
1 Prise Salz
1 Päckchen Trockenhefe
250 ml Milch
2 Eier
1 Packung Mohnback
Fett für das Blech

Für den Belag:
1 kg Äpfel

Für die Streusel:
100 g Butter, 100 g Zucker
1 Päckchen Vanillezucker
200 g Mehl, 1 Msp. Backpulver

Außerdem:
100 g Mandelstifte
60 g Zucker
250 g Puderzucker
2–3 EL Apfelsaft

1 Das Mehl in eine Schüssel sieben, die Butter oder Margarine, den Zucker, das Salz und die Hefe dazugeben, die lauwarme Milch und die Eier einrühren.

2 Alles gut verkneten und den Teig zugedeckt an einem warmen Ort zur doppelten Menge aufgehen lassen.

3 Den Teig kurz durcharbeiten, auf einer bemehlten Arbeitsfläche auf Backblechgröße ausrollen, mit dem Mohnback bestreichen, zusammenklappen und erneut auf Backblechgröße ausrollen.

4 Ein Backblech gut fetten, den Teig darauflegen und erneut gehen lassen.

5 Die Äpfel schälen, in Spalten schneiden und den Teig damit belegen.

6 Aus der Butter, dem Zucker, dem Vanillezucker und dem mit Backpulver vermischten Mehl Streusel zubereiten und auf den Äpfeln verteilen.

7 Den Kuchen mit den Mandelstiften und dem Zucker bestreuen und im auf 180–200 °C vorgeheizten Backofen 45 Minuten backen. Den fertigen Kuchen aus dem Ofen nehmen und auf einem Kuchengitter erkalten lassen.

8 Den Puderzucker mit so viel Apfelsaft glatt rühren, dass ein zäher Guss entsteht. Den Guss in ein Pergamenttütchen oder einen Spritzbeutel mit kleiner, glatter Tülle füllen und den Kuchen damit verzieren.

9 Den Guss vollständig trocknen lassen, den Kuchen in Stücke schneiden und servieren.

Schoko-Kirsch-Kuchen mit Mandelstreuseln

Für 20 Stücke:

Für den Quark-Öl-Teig:
150 g Magerquark
6 EL Milch
6 EL Speiseöl
75 g Zucker
1 Päckchen Vanillezucker
1 Prise Salz
300 g Mehl
1 Päckchen Backpulver
Fett für das Blech

Für den Belag:
3 Päckchen Schokoladenpuddingpulver
100 g Zucker
1 1/4 l Milch
2 Gläser Sauerkirschen (à 350 g Abtropfgewicht)

Für die Streusel:
175 g Mehl, 4 EL Zucker
100 g Butter
50 g Mandelblättchen

Außerdem:
weiße und dunkle Schokoblättchen

1 Den Magerquark mit der Milch, dem Speiseöl, dem Zucker, dem Vanillezucker und dem Salz verrühren. Das gesiebte Mehl mit dem Backpulver vermischen und unterkneten.

2 Den Teig auf einer bemehlten Arbeitsfläche ausrollen und ein gefettetes Backblech damit auslegen. Einen kleinen Rand hochziehen.

3 Aus dem Schokoladenpuddingpulver, dem Zucker und der Milch einen Pudding kochen.

4 Die Sauerkirschen gut abtropfen lassen, einige zum Verzieren bereitstellen und den Rest unter den Pudding heben. Den Kirschpudding auf den Teig streichen.

5 Das Mehl mit dem Zucker, der Butter und den Mandelblättchen zu Streuseln verarbeiten und den Kuchen damit bestreuen.

6 Im auf 180–200 °C vorgeheizten Backofen 30–35 Minuten backen, herausnehmen und erkalten lassen.

7 Den Kuchen mit den bereitgestellten Kirschen sowie weißen und dunklen Schokoblättchen belegen, in Stücke schneiden und servieren.

Apfel-Streuselkuchen vom Blech

Für 10–12 Stücke:

Für den Quark-Öl-Teig:
300 g Mehl, 1 Ei
150 g Quark, 100 g Zucker
6 EL Sonnenblumenöl
6 EL Sahne
Fett für das Blech

Für den Belag:
500 g Quark, 3 Eier
1 Päckchen Puddingpulver Vanillegeschmack
1 Päckchen Zitronenaroma
120 g Zucker, 750 g Äpfel
Saft von 1 Zitrone

Für die Streusel:
150 g Mehl, 100 g Butter
100 g Zucker
50 g gehackte Mandeln

Außerdem:
Puderzucker zum Bestäuben
Apfelschnitze und Rosmarinzweige zum Garnieren

1 Das gesiebte Mehl mit dem Ei, dem Quark und dem Zucker in eine Schüssel geben.

2 Das Sonnenblumenöl und die Sahne dazugeben und die Zutaten mit den Knethaken des Handrührgerätes schnell zu einem glatten, kompakten Teig verkneten.

3 Den Teig auf einer bemehlten Arbeitsfläche in der Größe eines Backbleches ausrollen, auf das gefettete Blech legen und mit einer Gabel mehrmals einstechen.

4 Für die Quarkmasse den Quark mit den Eiern, dem Puddingpulver, dem Zitronenaroma und dem Zucker in einer Schüssel schaumig rühren, auf den Teig geben und glatt streichen.

5 Die Äpfel schälen, vierteln und das Kerngehäuse entfernen. Die Äpfel mit Zitronensaft beträufeln und in Würfel schneiden. Die Apfelwürfel auf die Quarkmasse legen.

6 Das Mehl mit der Butter, dem Zucker und den gehackten Mandeln in einer Schüssel zu Streuseln verarbeiten und diese auf die Quarkmasse streuen.

7 Den Apfel-Streuselkuchen im auf 180 °C vorgeheizten Backofen 40–45 Minuten backen, herausnehmen und erkalten lassen.

8 Den Apfel-Streuselkuchen mit Puderzucker bestäuben und in Stücke schneiden. Mit den Apfelschnitzen und Rosmarinzweigen garnieren, dekorativ anrichten und servieren.

Stachelbeer-Kokos-Kuchen

Für 16 Stücke:

Für den Mürbeteig:
300 g Mehl, 1 Ei
200 g Zucker
1 Päckchen Zitronenaroma
175 g Butter
Fett für das Blech

Für den Belag:
150 g Kokosraspel
1 500 g Stachelbeeren
125 g Marzipanrohmasse
75 g Butter
1 Päckchen Puddingpulver Vanille
2 Eier, 200 ml Sahne

Für die Streusel:
150 g Mehl, 100 g Zucker
100 g Kokosraspel, 150 g Butter

Außerdem:
Kokosraspel zum Bestreuen

1 Das Mehl auf eine Arbeitsfläche sieben, eine Mulde eindrücken und das Ei hineingeben. Den Zucker und das Zitronenaroma darüberstreuen.

2 Die Butter in Flöckchen daraufsetzen und das Ganze mit bemehlten Händen von außen nach innen schnell zu einem glatten, kompakten Teig verkneten. Den Teig in Frischhaltefolie wickeln und im Kühlschrank mindestens eine Stunde ruhen lassen.

3 Den Teig auf einer bemehlten Arbeitsfläche in der Größe eines Backblechs ausrollen, auf das gefettete Backblech legen und einen kleinen Rand hochdrücken.

4 Den Teig mit den Kokosraspeln bestreuen und die verlesenen, gewaschenen und gut abgetropften Stachelbeeren gleichmäßig darauf verteilen.

5 Die Marzipanrohmasse mit der Butter in eine Schüssel geben und schaumig schlagen. Das Puddingpulver und die Eier dazugeben und unterschlagen. Die Sahne hinzufügen, unterschlagen und die Masse auf den Stachelbeeren verteilen.

6 Das Mehl auf eine Arbeitsfläche geben, den Zucker und die Kokosraspel darüberstreuen, die Butter in Flöckchen daraufsetzen und das Ganze mit bemehlten Händen zu Streuseln verarbeiten.

7 Die Streusel auf dem Kuchen verteilen und im auf 180 °C vorgeheizten Backofen 50 Minuten backen. Den fertig gebackenen Kuchen aus dem Ofen nehmen, erkalten lassen, in Stücke schneiden, dekorativ anrichten, mit Kokosraspeln bestreuen und bis zum Verzehr bereitstellen.

Zimt-Nuss-Kuchen mit Streuseln

Für 12 Stücke:

Für den Hefeteig:
20 g Frischhefe
100 ml lauwarme Milch
50 g Zucker
200 g Mehl
1 Päckchen Vanillezucker
1 Prise Salz, 1 Ei
50 g Butter
Fett für die Form

Für den Belag:
300 g gemahlene Haselnüsse
3 Eier, 1 TL Zimtpulver
1 Päckchen Vanillepuddingpulver
100 g Honig
200 ml Sahne

Für die Streusel:
150 g Butter
200 g Mehl
100 g Zucker
1 Msp. Zimtpulver

Außerdem:
Puderzucker zum Bestäuben
Zimtstangen und
Sternanis zum Garnieren

1 Die Hefe in die Milch bröckeln und den Zucker dazugeben. Das Ganze verrühren und zugedeckt 10 Minuten gehen lassen.

2 Das gesiebte Mehl mit dem Vanillezucker, dem Salz, dem Ei und der weichen Butter in eine Schüssel geben, die Hefemilch angießen und alles zu einem glatten Teig verarbeiten.

3 Den Teig zugedeckt an einem warmen Ort zur doppelten Menge aufgehen lassen.

4 Eine Springform (26 cm Ø) fetten, den Teig auf einer bemehlten Arbeitsfläche ausrollen und in die Form legen.

5 Die Haselnüsse mit den Eiern, dem Zimtpulver, dem Vanillepuddingpulver, dem Honig und der Sahne in eine Schüssel geben und verrühren.

6 Die Masse anschließend gleichmäßig auf dem Teig verteilen und glatt streichen.

7 Aus der Butter, dem Mehl und dem Zucker sowie dem Zimt Streusel herstellen und diese über den Kuchen streuen.

8 Den Kuchen im auf 180 °C vorgeheizten Backofen 45 Minuten backen, herausnehmen, auskühlen lassen, mit Puderzucker bestäuben, mit Zimtstangen und Sternanis garnieren, in Stücke schneiden und servieren.

Johannisbeer-Butterkuchen mit Streuseln

Für 16 Stücke:

Für den Hefeteig:
350 g Mehl
1/2 Würfel Frischhefe
75 ml Milch
75 g Zucker
1 Ei
75 g Butter
1 Päckchen Zitronenaroma
Fett für das Blech

Für den Belag:
500 g Johannisbeeren
100 g Zucker
100 g gemahlene, weiße Mandeln

Für die Streusel:
150 g Zucker
150 g Butter, 200 g Mehl

1 Das Mehl in eine Schüssel sieben und eine Mulde eindrücken. Die zerbröckelte Hefe mit etwas lauwarmer Milch und 1 TL Zucker in die Mulde geben und verrühren.

2 Den Vorteig zugedeckt an einem warmen Ort 10 Minuten gehen lassen.

3 Die restliche Milch, den Zucker, das Ei, die zerlassene Butter und das Zitronenaroma dazugeben und alles zu einem glatten Teig verkneten.

4 Das Ganze zugedeckt an einem warmen Ort zur doppelten Menge aufgehen lassen.

5 Anschließend auf einer bemehlten Arbeitsfläche nochmals durchkneten, den Teig zu einem Rechteck ausrollen (24 x 36 cm) und auf ein gefettetes Backblech legen.

6 Die Johannisbeeren verlesen, waschen, gut abtropfen lassen und auf dem Teigboden verteilen.

7 Den Zucker und die Mandeln mischen und auf die Johannisbeeren streuen.

8 Den Zucker mit der Butter und dem Mehl zu Streuseln verarbeiten und die Johannisbeeren damit bestreuen.

9 Den Kuchen im auf 180–200 °C vorgeheizten Backofen 45 Minuten backen, herausnehmen und erkalten lassen, in Stücke schneiden und servieren.

Apfel-Streuselkuchen mit Hefeboden

Für 12 Stücke:

Für den Hefeteig:
125 ml lauwarme Milch
1/2 Päckchen Frischhefe
30 g Zucker, 200 g Mehl
50 g flüssige Butter
Fett für die Form
Semmelbrösel zum Ausstreuen

Für die Füllung:
1 kg säuerliche Äpfel
Saft von 1 Zitrone
4 TL Rum, 50 g Zucker

Für die Streusel:
250 g Semmelbrösel
125 ml flüssige Butter
50 g Zucker, 1 TL Zimtpulver
50 g gehackte Mandeln

Außerdem:
Apfelschnitze zum Garnieren

1 Die Milch mit der zerbröckelten Hefe und 1 TL Zucker in eine Schüssel geben und an einem warmen Ort 10 Minuten gehen lassen.

2 Den restlichen Zucker mit dem gesiebten Mehl in eine Schüssel geben, die Hefemilch angießen, die Butter hinzufügen und das Ganze zu einem glatten Teig verkneten. Zugedeckt an einem warmen Ort zur doppelten Menge aufgehen lassen.

3 Den Teig in der Größe einer Springform (26 cm Ø) ausrollen, in die gefettete und mit Semmelbröseln ausgestreute Form legen und einen Rand hochdrücken.

4 Die Äpfel schälen, entkernen, in Stücke schneiden, mit Zitronensaft und Rum beträufeln, mit Zucker bestreuen und 30 Minuten marinieren.

5 Für die Streusel die Semmelbrösel mit der flüssigen Butter, dem Zucker, dem Zimtpulver und den Mandeln vermischen.

6 Die marinierten Äpfel gleichmäßig auf dem Teig verteilen, mit den Streuseln bestreuen und den Kuchen im auf 180 °C vorgeheizten Backofen ca. 45 Minuten backen.

7 Nach Ende der Backzeit den Apfelkuchen aus dem Ofen nehmen, in der Form leicht erkalten lassen, anschließend aus der Form nehmen, auf eine Tortenplatte setzen, mit Apfelschnitzen garnieren und bis zum Verzehr kühl stellen.

Einfacher Pfirsich-Streuselkuchen

Für 12 Stücke:

Für den Quarkteig:
150 g Mehl
3 gestr. TL Backpulver
75 g Quark, 50 g Butter
1 Ei, 50 g Zucker
1 Päckchen Vanillezucker
Milch nach Bedarf
Fett für die Form
1 Dose Pfirsiche
(480 g Abtropfgewicht)

Für die Streusel:
200 g Mehl, 100 g Butter
100 g Zucker, 1 Msp. Zimt

Außerdem:
1/2 Packung Zitronenglasur
Pfirsichscheiben zum Belegen

1 Das gesiebte Mehl mit dem Backpulver, dem Quark, der Butter, dem Ei, dem Zucker und dem Vanillezucker zu einem glatten Teig verkneten. Sollte der Teig zu fest sein, noch etwas Milch dazugeben.

2 Den Teig in der Größe einer Blütenform (24 cm Ø) ausrollen, in die gefettete Form legen und die abgetropften Pfirsiche darauf verteilen.

3 Das Mehl mit der Butter, dem Zucker und dem Zimt zu Streuseln verkneten und diese auf die Pfirsiche streuen.

4 Den Kuchen im auf 180 °C vorgeheizten Backofen ca. 40 Minuten backen, herausnehmen und auf einem Kuchengitter erkalten lassen.

5 Die Zitronenglasur nach Packungsanweisung zubereiten und den Kuchen damit glasieren. Die Glasur trocknen lassen, mit Pfirsichscheiben belegen, den Pfirsich-Streuselkuchen in Stücke schneiden und servieren.

Tipp:

Für die Streusel 200 g gesiebtes Mehl auf eine Arbeitsfläche geben, 100 g Butter in Flöckchen darauf verteilen, 50 g Zucker darüberstreuen und 50 g Honig darüberträufeln. Das Ganze mit den Händen zu Streuseln verarbeiten. Die Streusel gleichmäßig auf dem Kuchen verteilen.
Ein richtiger Streuselkuchen lebt vom Teig, von der Füllung und natürlich von den Streuseln. Bei der Herstellung der Streusel können Sie viele Geschmacksrichtungen wählen. Neben den Honigstreuseln können Sie auch Zimt-, Vanille-, Schokoladen- oder Mokkastreusel herstellen. Hierfür wird der Zucker mit jeweils 1–2 Teelöffeln Zimt-, Vanille-, Schokoladen- oder Mokkapulver vermischt.

Aprikosen-Hefekuchen mit Streuseln

Für 16 Stücke:

Für den Hefeteig:
20 g Frischhefe
ca. 50 ml warme Milch
250 g Mehl
75 g Butter
50 g Zucker
1 Päckchen Vanillezucker
1 Ei, Fett für das Blech

Für den Belag:
250 g Quark, 2 Eier
100 g Zucker
1 Päckchen Orangenaroma
1 Päckchen Vanillezucker
1 Päckchen Vanillepuddingpulver
1 Dose Aprikosen
(480 g Abtropfgewicht)

Für die Streusel:
100 g Butter
150 g Mehl
75 g Zucker

Außerdem:
Aprikosenspalten und Puderzucker zum Garnieren

1 Die zerbröckelte Hefe in der Milch auflösen, mit den restlichen Teigzutaten in einer Schüssel zu einem glatten Teig verkneten und diesen zugedeckt an einem warmen Ort zur doppelten Menge aufgehen lassen.

2 Den Teig auf einer bemehlten Arbeitsfläche zu einem Rechteck ausrollen.

3 An den schmalen Seiten für den Rand größer ausrollen. Den Teig auf ein gefettetes Backblech (18 x 28 cm) legen.

4 Den überstehenden Teig an den beiden langen Seiten nach innen schlagen und diesen Vorgang wiederholen.

5 Den Quark mit den Eiern, dem Zucker, dem Orangenaroma, dem Vanillezucker und dem Puddingpulver verrühren. Die gut abgetropften Aprikosenhälften unterheben.

6 Den Aprikosenquark auf dem Teig verteilen.

7 Die Butter, das Mehl und den Zucker zu Streuseln verarbeiten und den Kuchen damit bestreuen.

8 Den Kuchen im auf 180 °C vorgeheizten Backofen ca. 45 Minuten backen, herausnehmen und erkalten lassen.

9 Den Aprikosen-Hefekuchen auf eine Tortenplatte legen, mit Aprikosenspalten belegen, mit Puderzucker bestäuben, in Stücke schneiden und servieren.

Pflaumenkuchen mit Vanille-Nuss-Streuseln

Für 16 Stücke:

Für den Mürbeteig:
300 g Mehl
1 gestr. TL Backpulver
1 Ei, 200 g Butter
175 g Zucker
1 Päckchen Vanillezucker
Fett für das Blech
50 g gemahlene Nüsse zum Bestreuen

Für den Belag:
1 kg Pflaumen, 250 g Quark
50 ml Milch, 50 g Mehl
3 Eier, 175 g Zucker
1 Päckchen Vanillezucker

Für die Streusel:
125 g Puderzucker, 250 g Mehl
Mark von 1 Vanilleschote
100 g gehackte Nüsse
125 g Butter

1 Das Mehl mit dem Backpulver vermischen, auf eine Arbeitsfläche sieben, eine Mulde eindrücken und das Ei hineingeben.

2 Die Butter in Flöckchen auf das Mehl setzen, den Zucker und den Vanillezucker darüberstreuen und die Zutaten mit bemehlten Händen von außen nach innen schnell zu einem glatten, kompakten Teig verkneten.

3 Den Teig in Klarsichtfolie wickeln und im Kühlschrank mindestens eine Stunde ruhen lassen.

4 Den Teig auf einer bemehlten Arbeitsfläche in der Größe eines Backbleches ausrollen, auf das gefettete Blech legen, einen Rand hochziehen und die gemahlenen Nüsse auf den Teig streuen.

5 Die Pflaumen waschen, trocken tupfen, entkernen, halbieren oder vierteln und auf den Mürbeteig legen.

6 Den Quark mit der Milch, dem Mehl, den Eiern, dem Zucker und dem Vanillezucker verrühren, auf die Pflaumen geben und glatt streichen.

7 Für die Streusel den gesiebten Puderzucker mit dem Mehl, dem Vanillemark und den gehackten Nüssen in eine Schüssel geben.

8 Die Butter in Flöckchen hinzufügen, die Zutaten zu Streuseln verarbeiten und diese gleichmäßig auf die Quarkmasse streuen.

9 Den Pflaumenkuchen in dem auf 180 °C vorgeheizten Backofen 50–60 Minuten backen, herausnehmen, erkalten lassen, in Stücke schneiden und servieren.

Pflaumendatschi mit Mandelstreuseln

Für 25 Stücke:

Für den Hefeteig:
375 g Mehl
20 g Frischhefe
ca. 100 ml warme Milch
75 g Zucker
1 Päckchen Vanillezucker
1 Ei, 75 g Butter
Fett für die Form

Für den Belag:
100 g gemahlene Mandeln
1,5 kg entsteinte, halbierte Pflaumen
100 g Zucker
1/2 TL Zimt

Für die Mandelstreusel:
200 g Butter
200 g Mehl
100 g Zucker
100 g gemahlene Mandeln

Außerdem:
100 g Mandelstifte

1 Das Mehl in eine Schüssel sieben und eine Mulde eindrücken. Die Frischhefe mit etwas warmer Milch und etwas Zucker verrühren, in die Mulde geben und zugedeckt an einem warmen Ort 10 Minuten gehen lassen.

2 Die restliche Milch, den restlichen Zucker, den Vanillezucker, das Ei und die Butter dazugeben und die Zutaten mit den Knethaken des Handrührgerätes zu einem glatten Teig verkneten. An einem warmen Ort zugedeckt zur doppelten Menge aufgehen lassen.

3 Den Teig auf einer bemehlten Arbeitsfläche kurz kneten, in der Größe eines Backbleches (30 x 40 cm) ausrollen, auf das gefettete Blech legen, einen Rand hochziehen und diesen mit dem Messerrücken einkerben.

4 Den Teig mit den Mandeln bestreuen und mit den Pflaumen belegen. Den Zucker mit dem Zimt vermischen und über die Pflaumen streuen.

5 Die Butter mit dem Mehl, dem Zucker und den Mandeln vermischen und zu Streuseln verarbeiten.

6 Die Mandelstreusel und die Mandelstifte auf die Pflaumen streuen und den Kuchen im auf 180 °C vorgeheizten Backofen ca. 45 Minuten backen.

7 Den Pflaumendatschi herausnehmen, erkalten lassen, in Stücke schneiden und servieren.

Kirsch-Streuselkuchen

Für 12 Stücke:

Für den Rührteig:
150 g Butter, 120 g Zucker
1 Päckchen Vanillezucker
3 Eier, 250 g Mehl
3 gestr. TL Backpulver
Fett für die Form
Semmelbrösel zum Ausstreuen

Für den Belag:
250 g Magerquark, 100 g Zucker
1 Päckchen Vanillezucker
1 EL geriebene Zitronenschale
2 Eier
1 Glas Schattenmorellen
(270 g Abtropfgewicht)
1 EL Mehl

Für die Streusel:
150 g Mehl, 75 g Butter
100 g Zucker, 1 Päckchen
Vanillezucker, 1 Msp. Zimtpulver

Außerdem:
Puderzucker zum Bestäuben

1 Die Butter mit dem Zucker und dem Vanillezucker in eine Schüssel geben und weißschaumig schlagen. Die Eier nach und nach hinzufügen und mit den Schneebesen des Handrührgerätes kräftig unterrühren.

2 Das Mehl mit dem Backpulver vermischen, auf die Masse sieben und unterziehen.

3 Die Teigmasse in eine gefettete, mit Semmelbröseln ausgestreute Springform (26 cm Ø) geben und glatt streichen. Den Teig mit einem Teigschaber von der Mitte her zu den Rändern schieben, sodass eine Mulde entsteht.

4 Für den Belag den Quark glatt rühren, den Zucker, den Vanillezucker, die Zitronenschale und die Eier unter den Quark rühren.

5 Die Schattenmorellen gut abtropfen lassen, mit Mehl bestäuben und unter die Quarkmasse heben. Die Quarkmasse auf den Teig geben und verstreichen.

6 Für die Streusel das Mehl auf eine Arbeitsfläche geben, die Butter in Flöckchen darauf verteilen, den Zucker, den Vanillezucker und das Zimtpulver darüberstreuen und das Ganze mit den Händen zu Streuseln verarbeiten.

7 Die Streusel auf dem Kuchen verteilen und diesen im auf 180 °C vorgeheizten Backofen ca. 50 Minuten backen.

8 Den Kuchen aus dem Ofen nehmen, in der Form erkalten lassen, dann aus der Form nehmen, auf eine Tortenplatte setzen, mit Puderzucker bestäuben und bis zum Verzehr kühl aufbewahren.

Vollkorn-Aprikosen-Kuchen mit Haselnussstreuseln

Für 12 Stücke:

Für den Rührteig:
250 g Butter
200 g brauner Zucker
4 Eier
100 g gemahlene Haselnüsse
1 Päckchen Vanillezucker
1 TL Zimtpulver
300 g Vollkornmehl
1 Päckchen Backpulver
Fett für die Form
gehobelte Haselnüsse zum Ausstreuen

Für den Belag:
1 Dose Aprikosen
(460 g Abtropfgewicht)

Für die Streusel:
30 g Butter
150 g Honig
150 g gehackte Haselnüsse

Außerdem:
Puderzucker zum Bestäuben
Aprikosenschnitze und Minzeblättchen zum Garnieren

1 Die weiche Butter mit dem Zucker in eine Schüssel geben und mit den Schneebesen des Handrührgerätes schaumig schlagen. Die Eier nach und nach einzeln darunterschlagen.

2 Die Haselnüsse mit dem Vanillezucker, dem Zimtpulver, dem gesiebten Vollkornmehl und dem Backpulver vermischen, zur Eicreme geben und unterheben.

3 Eine Springform (26 cm Ø) fetten und mit den gehobelten Haselnüssen ausstreuen. Den Rührteig in die Form geben und glatt streichen.

4 Die Aprikosen gut abtropfen lassen, in Schnitze schneiden und auf dem Teigboden verteilen.

5 Für die Streusel die Butter mit dem Honig in einen Topf geben und unter ständigem Rühren erhitzen, den Topf vom Herd nehmen und die gehackten Haselnüsse einrühren.

6 Die Haselnussstreusel auf den Aprikosen verteilen und den Kuchen im auf 180–200 °C vorgeheizten Backofen ca. 50 Minuten backen.

7 Anschließend den fertig gebackenen Kuchen aus dem Ofen nehmen, leicht erkalten lassen, aus der Form nehmen, auf eine Kuchenplatte setzen und auskühlen lassen.

8 Den Kuchen mit Puderzucker bestäuben, mit Aprikosenschnitzen und Minzeblättchen garnieren und bis zum Verzehr kühl stellen.

Krümel-Streuselkuchen

Für 16 Stücke:

Für den Hefeteig:
250 g Mehl, 50 ml warme Milch
1/2 Würfel Frischhefe, 50 g Zucker
1 Päckchen Vanillezucker
1 Ei, 50 g Butter
Fett für das Blech

Außerdem:
50 g flüssige Butter
300 g Orangenkekse, 150 g Butter
Puderzucker zum Bestäuben

1 Das gesiebte Mehl in eine Schüssel geben, eine Mulde eindrücken, die Milch hineingeben, die Hefe hineinbröckeln, kurz auflösen lassen, den Zucker, den Vanillezucker, das Ei und die Butter dazugeben.

2 Das Ganze zu einem glatten, kompakten Teig verkneten und auf einer bemehlten Arbeitsfläche zu einem Rechteck (32 x 24 cm) ausrollen. Ein Backblech fetten, den Teig darauflegen und mit der flüssigen Butter bestreichen.

3 Die Orangenkekse grob reiben oder fein hacken, mit der Butter verkneten und zu Bröseln verarbeiten, diese gleichmäßig auf dem Kuchen verteilen und das Ganze zugedeckt an einem warmen Ort 30 Minuten gehen lassen.

4 Anschließend den Kuchen im auf 180 °C vorgeheizten Backofen ca. 35 Minuten backen. Den fertigen Kuchen aus dem Ofen nehmen und erkalten lassen.

5 Den Kuchen mit Puderzucker bestäuben, in Stücke schneiden, dekorativ anrichten und servieren.

Tipp:
Für eine feine Fruchtfüllung ein Glas Früchte nach Wahl (z. B. Kirschen, Aprikosen, Pflaumen, Pfirsiche usw.) in ein Sieb geben und abtropfen lassen, dabei den Saft auffangen. Den Saft in einem Topf erhitzen und mit angerührter Speisestärke andicken. Die Masse mit Zucker nach Geschmack süßen, die Früchte unterheben und erkalten lassen. Die Fruchtfüllung mit Likör aromatisieren.
Für eine Mohnfüllung 500 ml Milch mit 20 g Butter aufkochen, 30 g Grieß einstreuen und unter Rühren fünf Minuten garen. Den Grieß vom Herd nehmen, etwas abkühlen lassen und anschließend 100 g gemahlenen Mohn, 3 EL Zucker und ein Ei unterrühren. Die Mohnfüllung eignet sich für einen Mohn-Streuselkuchen mit Hefeteigboden.

Käsekuchen mit Zimtstreuseln

Für 12 Stücke:

Für den Mürbeteig:
300 g Mehl
1 Ei, 175 g Zucker
1 Päckchen Vanillezucker
200 g Butter, Fett für die Form
Semmelbrösel zum Ausstreuen

Für die Quarkmasse:
4 Eier, 200 g Zucker
1 Päckchen Zitronenaroma
1 kg Speisequark
50 g Speisestärke
200 ml Sahne
1 Dose Mandarinenfilets
(480 g Abtropfgewicht)

Für die Zimtstreusel:
250 g Zimtkekse
100 g weiche Butter

Außerdem:
Puderzucker zum Bestäuben

1 Das Mehl auf eine Arbeitsfläche sieben, eine Mulde eindrücken, das Ei hineingeben, mit Zucker und Vanillezucker bestreuen und die Butter in Flöckchen daraufsetzen.

2 Das Ganze mit bemehlten Händen von außen nach innen schnell zu einem glatten, kompakten Teig verkneten, den Teig in Klarsichtfolie wickeln und im Kühlschrank mindestens eine Stunde ruhen lassen.

3 Anschließend den Teig auf einer bemehlten Arbeitsfläche in der Größe einer Springform (26 cm Ø) ausrollen. Die Form fetten, mit Semmelbröseln ausstreuen, den Teig einlegen und einen Rand hochdrücken.

4 Für die Quarkmasse die Eier mit dem Zucker und dem Zitronenaroma in eine Schüssel geben und schaumig schlagen. Den Speisequark hinzufügen, verrühren, die Speisestärke daraufsieben und unterziehen.

5 Die Sahne steif schlagen und unter die Quarkmasse heben. Die gut abgetropften Mandarinenfilets vorsichtig unterziehen, die Masse auf den Teig geben und glatt streichen.

6 Die Zimtkekse grob reiben oder fein hacken, mit der weichen Butter verkneten und zu Bröseln verarbeiten. Diese gleichmäßig auf die Quarkmasse streuen und den Kuchen im auf 180 °C vorgeheizten Backofen ca. 60 Minuten backen.

7 Den fertig gebackenen Kuchen aus dem Ofen nehmen, in der Form erkalten lassen, aus der Form nehmen, auf eine Tortenplatte setzen, mit Puderzucker bestäuben und bis zum Verzehr kühl stellen.

garant Verlag GmbH, Renningen
www.garant-verlag.de

ISBN 978-3-86766-051-8